신나고~! 재밌고~!

GO GO GO
고 고 고

소프라노 리코더 교본

그래서음악

머리말

'작은 새가 지저귄다'라는 뜻을 지닌 리코더(Recorder)는 맑은 악기 소리로 오랜 세월 동안 많은 사람들에게 사랑받아온 목관악기입니다.

드라마 "오징어 게임"의 OST 〈Way Back then〉을 연주하는 리코더는 단순히 교실용 악기의 범위를 넘어서 클래식은 물론 OST, 뉴에이지, 팝 등 여러 장르의 곡을 매력적으로 연주할 수 있는 악기입니다.

[GOGO 소프라노 리코더 교본]은 초등학교에서 기악 합주와 리코더를 40여 년 지도해 온 저자의 경험을 바탕으로 처음 리코더를 연주하는 아이들에게 지루하지 않고 쉽게 접근할 수 있도록 만든, 연주곡집을 겸한 기초 교본입니다.

현시대의 융합적인 교육과정과 아이들의 기호에 맞춘 선곡에 집중하여, 교과서 동요는 물론, 폭넓은 세계 어린이 동요, 영화음악, 뉴에이지, 팝 등을 제재곡으로 사용하였으며, 연주를 위한 2중주곡과 부록편에 K-POP, 트로트, 캐롤 등을 수록하였습니다.

악보를 잘 읽지 못하는 어린이들을 위해 기초 과정에서 고정도법 계이름을 표기하여 일정 수준에 이를 수 있도록 하였으며, 연주를 위한 곡에는 계이름 없이 악보를 보고 연주할 수 있도록 계이름을 표기하지 않았습니다.

초등학교 방과후교실, 특별활동, 학원 특강 등 다양한 곳에서 단체 교육용 교재로 사용하기에 적합한 소프라노 리코더 교본입니다.

2024년 11월 저자 안성철

차례

리코더 운지표

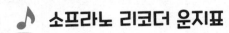 소프라노 리코더 운지표   Ⓑ 바로크식(영국식)   Ⓖ 저먼식(독일식)

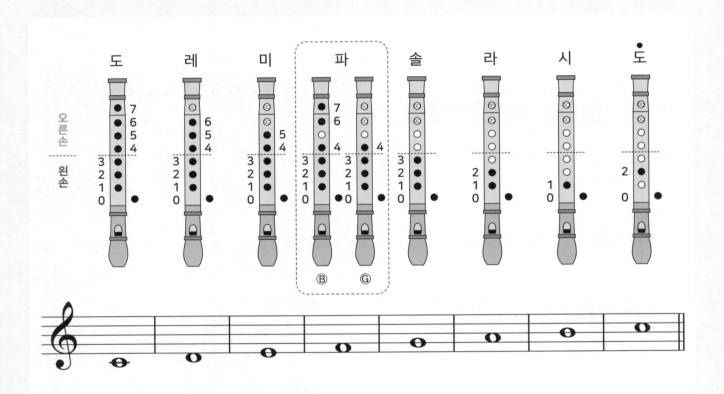

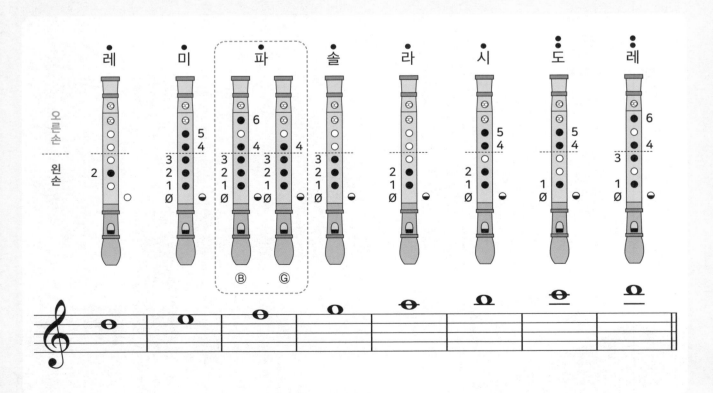

리코더에 대하여

♪ 리코더

리코더는 세로로 부는 목관악기로 18세기 바로크 시대에 퍼셀, 텔레만, 헨델, 바흐 등의 대가들에 의해 독주 악기로 각광을 받으며 전성기를 맞았습니다. 그러나 음량이 작은 리코더는 18세기 후반부터 점차 빛을 잃게 되었다가 20세기에 이르러 영국의 돌메치와 독일의 하를란의 리코더 부흥 운동으로 영국과 유럽 전역에 다시 성행하게 되었습니다.

리코더가 교육용 악기로 사용된 것은 1935년 영국의 에드가 헌트가 런던의 음악학교에서 리코더 집단 교육을 시작한 것이 그 시초가 되었습니다. 이후 유럽의 학교 음악에 리코더가 소개되었으며, 플라스틱 리코더를 대량 생산 및 보급하게 되었습니다. 우리나라에서도 1973년 학교 교육과정에 필수 악기로 선정되어 교육용 악기로 활용하고 있어 많은 사랑을 받는 악기로 자리 잡았습니다.

♪ 리코더의 종류

리코더의 종류는 꽤 많지만 대략 소프라니노, 소프라노, 알토, 테너, 베이스 그리고 그레이트 베이스 리코더가 많이 사용되고 있습니다. 그 중 현재 우리가 사용하는 리코더는 '소프라노 리코더' 입니다.

'소프라니노 리코더'는 보통 독주용 악기 또는 리코더 오케스트라에서 쓰입니다.

'소프라노 리코더'는 학교에서 교육용으로 가장 많이 쓰이는 리코더이며 보통 오케스트라의 높은 파트를 연주하고, 협주와 독주용으로 쓰입니다.

'알토 리코더'는 음높이가 아주 높지도, 아주 낮지도 않아서 전문 리코더 연주자들이 가장 많이 쓰고 있는 종류로 협주와 독주용으로 쓰입니다.

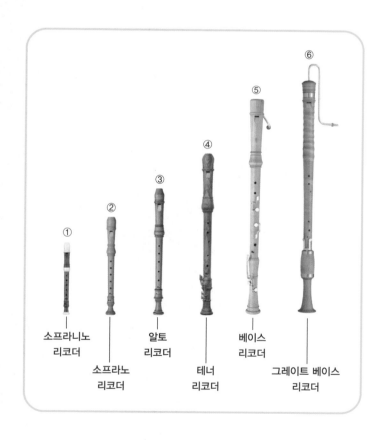

① 소프라니노 리코더
② 소프라노 리코더
③ 알토 리코더
④ 테너 리코더
⑤ 베이스 리코더
⑥ 그레이트 베이스 리코더

'테너 리코더'는 소프라노 리코더로 불 수 있는 모든 곡들을 연주할 수 있지만, 소프라노 리코더보다 1옥타브 아래의 소리가 나며 협주와 독주용으로 쓰입니다.

'베이스 리코더'나 '그레이트 베이스 리코더'는 리코더 오케스트라에서 주로 저음부를 연주합니다.

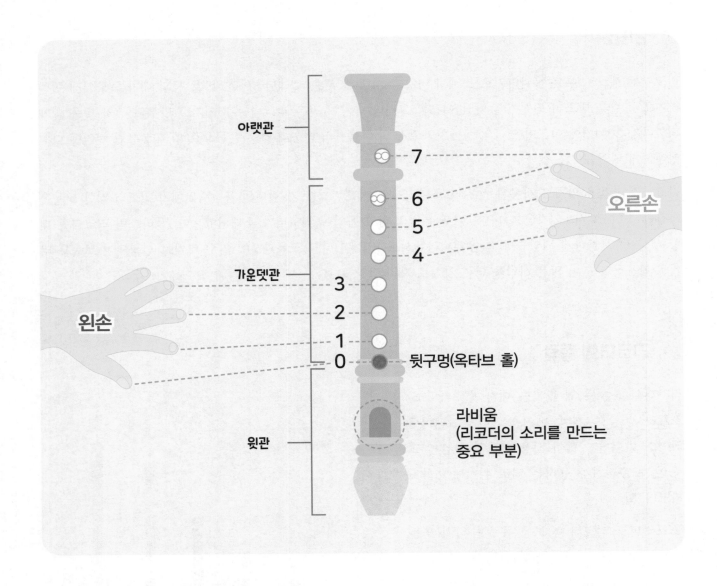

아랫관

7

6
5
4

가운뎃관

3
2
1
0

왼손

오른손

뒷구멍(옥타브 홀)

라비움
(리코더의 소리를 만드는
중요 부분)

윗관

리코더 구멍을 막는 손가락 번호

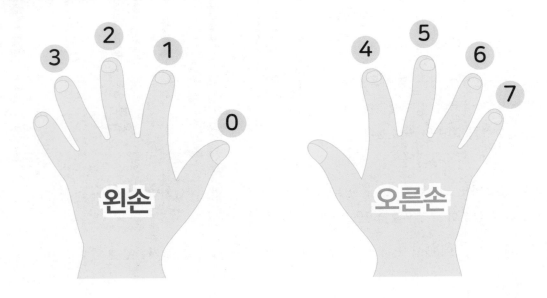

왼손

오른손

바로크식, 저먼식 리코더 구분

리코더는 운지법에 따라 바로크식(영국식) 리코더와 저먼식(독일식) 리코더 두 종류로 나누어집니다.

바로크식 리코더는 뒷구멍 바로 위에 ⑧라고 적혀 있으며, 4번 구멍이 작고 5번 구멍이 큽니다.

저먼식 리코더는 ⑥라고 적혀 있으며, 4번 구멍이 크고 5번 구멍이 작습니다.

저먼식 리코더는 1930년경 어린이들이 운지를 간단히 할 수 있도록 개량된 교육용 악기로 대부분의 학교에서는 저먼식 리코더를 사용하고 있으며, 연주용으로는 바로크식 리코더를 많이 사용하고 있습니다.

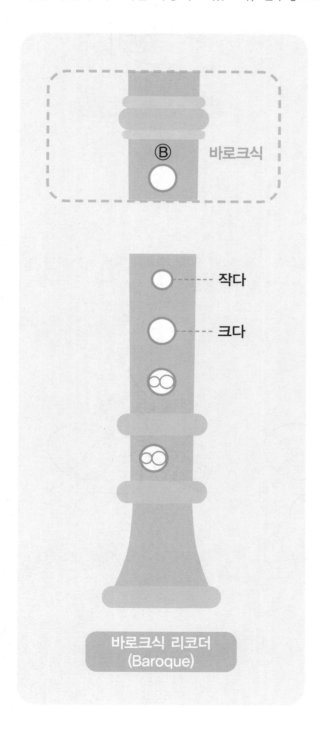

바로크식 리코더
(Baroque)

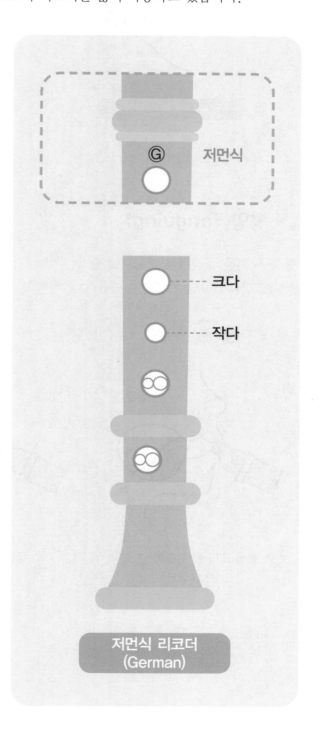

저먼식 리코더
(German)

리코더 구멍을 막는 방법과 텅잉

♪ 리코더 구멍을 막는 방법

리코더의 구멍은 손가락 끝의 살 부분으로 바람이 새지 않도록 가볍게 막습니다.

앞 구멍을 막는 모양

뒷 구멍을 막는 모양

♪ 텅잉(Tonguing)

'텅잉'은 혀를 움직여서 리코더에 숨을 불어 넣거나 끊어서 정확한 음을 내기 위한 기술적 방법을 말하며, 일 반적으로는 '두' 또는 '드'로 소리냅니다. 텅잉의 수준에 따라 연주를 잘하는 정도가 달라집니다.

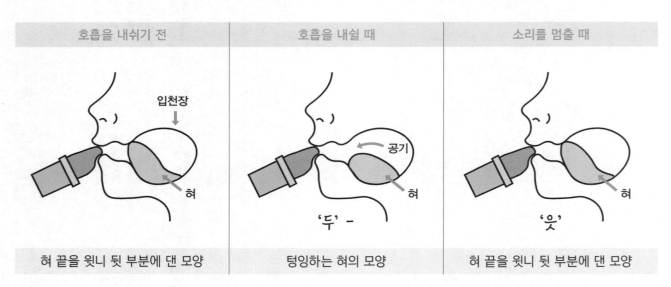

호흡을 내쉬기 전	호흡을 내쉴 때	소리를 멈출 때
입천장 / 혀	공기 / 혀 / '두' -	혀 / '웃'
혀 끝을 윗니 뒷 부분에 댄 모양	텅잉하는 혀의 모양	혀 끝을 윗니 뒷 부분에 댄 모양

왼손 운지(솔~높은 레)

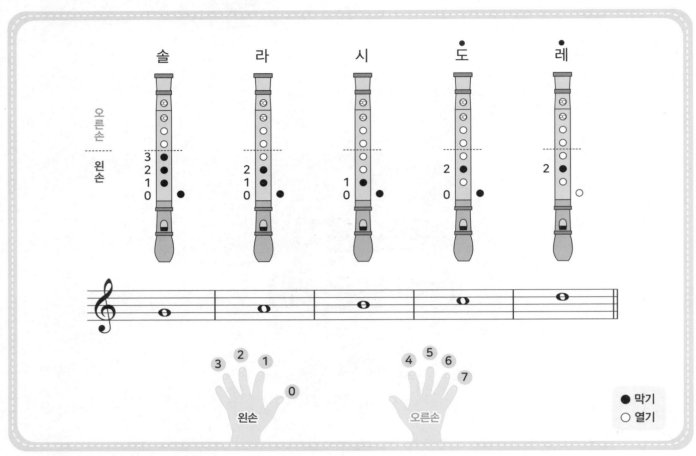

연습1

솔 라 시 도 레 도 시 라 솔

연습2

시 라 솔 라 시 시 시 라 라 라 시 시 시

시 라 솔 라 시 시 시 시 라 라 시 라 솔

♪ 핫 크로스 번
Hot Cross Buns

영국 민요

♪ 뻐꾸기

작사 윤석중
독일 민요

뻐 꾹 뻐 꾹 봄 이 가 네
뻐 꾸 기 소 리 잘 가 란 인 사
복 사 꽃 이 떨 어 지 네

♪ 환희의 송가

작곡 L.v. 베토벤

시 시 도 레 레 도 시 라 솔 솔 라 시 시 라 라
시 시 도 레 레 도 시 라 솔 솔 라 시 라 솔 솔

♪ 아기 새의 눈물

작사/작곡 김성균

시 도 레 레 도 시 라 시 라
어 느 날 숲 에 서 새 들 이

시 도 레 레 시 솔 라 라 솔
조 로 롱 노 래 를 하 는 데

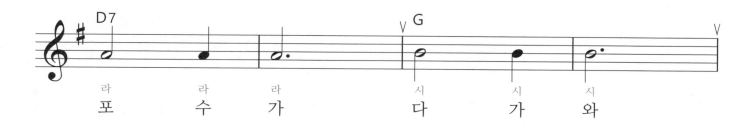

라 라 라 시 시 시
포 수 가 다 가 와

도 도 도 도 시 라 레 －
이 놈 들 꼼 짝 마 라 －

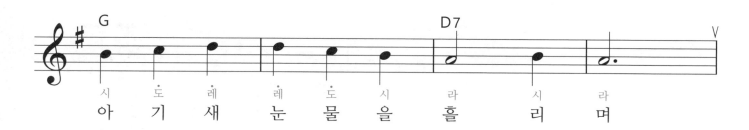

시 도 레 레 도 시 라 시 라
아 기 새 눈 물 을 흘 리 며

시 도 레 레 시 솔 라 라 라 솔
다 시 는 이 곳 에 안 올 테 야

15

♪ 실레지아의 춤

실레지아 민요

레 레 레 도 시 　 도 도 도 시 라 　 시 시 레 솔 라 　 라

레 레 레 도 시 　 도 도 도 시 라 　 시 시 레 솔 라 　 솔

라 라 라 시 도 　 시 솔 레 　 라 라 라 시 도 　 시 솔 레

레 레 레 도 시 　 도 도 도 시 라 　 시 시 레 솔 라 　 솔

♪ 도둑고양이

전래동요

시 시 시 라 라 시 라 솔 솔 솔 　 시 시 레 레 레 솔 라 시 시 라 라 솔
우 리 집 옆 집 도 둑 고 양 이 　 연 지 곤 지 바 르 고 눈 썹 그 리 고

시 시 시 라 라 시 라 솔 솔 솔 　 시 레 레 레 솔 라 시 시 라 라 솔
동 네 골 목 길 지 나 갈 적 에 　 사 람 이 많 으 면 얼 른 감 춰 라

16

♩ 천사들의 노래가

프랑스 캐롤

시 시 시 레 레 도 시 시 라 시 레 시 라 솔

시 시 시 레 레 도 시 시 라 시 레 시 라 솔

♩ 공룡을 찾아서

작사/작곡 미상

솔 레 레 솔 레 레 시 라 솔 솔 레 레 솔 레 레 라 시 라
신 기한타임 머신 타 고 서 무 서운공룡의 세 계 로

레 레 레 레 레 레 솔 솔 도 시 시 시 라 라 라
둥 둥 둥 둥 둥 둥 떠 나 자 누 구 와 떠 날 까

솔 솔 레 도 도 도 시 시 시 라 시 솔
옛 날 로 신 나 는 공 룡 의 세 계 로

17

♪ 굴 속의 작은 곰

외국 곡

솔 솔 솔 솔 솔 솔 라 라 라 라 라 라 시 시 라 라 라 솔
굴 속의작은곰 새 봄이왔는데 잠만자네 요

시 시 시 시 시 시 레 도 라 라 라 라 라 라 도 시
잠 자는모습이 웃 겨 코를골고자네 쿨 쿨

솔 솔 솔 솔 솔 솔 솔 라 라 라 라 라 라 도 시 시 시 시 라 라 솔
깜 짝놀라일어나 먹을것을보더니 맛 있게도먹 는 다

♪ 돌아 돌아

작사/작곡 이요섭

레 도 시 도 레 도 시 도 레 레 레 도 시 라 시 도 시 라 시 도 도 도
손 뼉치고손뼉치고 짝 짝 짝 손 뼉치고손뼉치고 짝 짝 짝

솔 라 시 도 레 도 시 라 솔 솔 솔 솔 라 시 도 레 도 시 라 솔 솔 솔
돌 아돌아돌아돌아 짝 짝 짝 돌 아돌아돌아돌아 짝 짝 짝

18

♪ 왕잠자리

작사 미상
외국 곡

솔 라 시 도 레 레 레 도 시 라 솔 솔 라 라 라 도 시 라 솔 시 레 시
저 나 무 에 앉 은 왕 잠 자 리 찾 아 몰 래 살 금 살 금 다 가 가 서

솔 라 시 도 레 레 레 도 시 라 솔 솔 라 라 라 도 시 라 솔 시 솔
가 을 빛 물 들 은 저 언 덕 에 있 나 뱅 뱅 동 그 랗 게 도 는 데

솔 라 시 도 레 레 레 도 시 라 솔 솔 라 라 라 도 시 라 솔 시 레 시

라 도 시 레 도 시 라 솔 시 레 시 라 도 시 레 도 시 라 솔 시 레 시
윙 윙 윙 어 디 갔 나 왕 잠 자 리 윙 윙 윙 찾 아 보 자 왕 잠 자 리

솔 라 시 도 레 레 레 도 시 라 솔 솔 라 라 라 도 시 라 솔 시 솔
저 나 무 에 앉 은 왕 잠 자 리 찾 아 몰 래 살 금 살 금 잡 았 다

♪ 꼬마 벌

작사 미상
독일 민요

G
레 도 시
붕 붕 붕

D7
라 시 도 라 솔
아 기 꼬 마 벌

G   D7
시 도 레 시   라 시 도 라
하 양 빨 강   노 란 색 꽃

G   D7
시 시 도 도 레 레 시 시   라 라 시 시 도 도 라 라
엄 마 따 라 재 미 있 게   산 에 들 에 소 풍 간 다

G
레 도 시
붕 붕 붕

D7   G
라 시 도 라 솔
아 기 꼬 마 벌

♪ 행진곡

독일 민요

🌸 선생님 또는 친구와 함께 리코더 1, 2 부분을 나누어 연주해 보세요.

리코더1

리코더2

오른손 운지(파, 미, 레, 도)

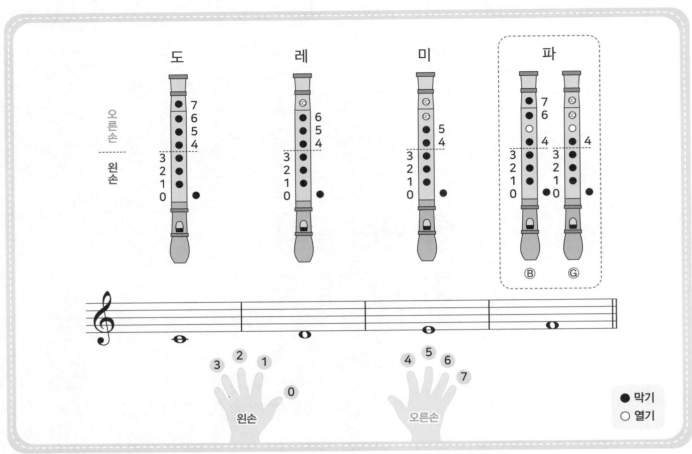

● 막기
○ 열기

연습1

도 레 미 파 솔 라 시 도 레 도 시 라 솔 파 미 레 도

연습2

미 미 파 솔 솔 파 미 레 도 도 레 미 미 레 레

미 미 파 솔 솔 파 미 레 도 도 레 미 레 도 도

♪ 똑같아요

작사 윤석중
외국 곡

무 엇 이 무 엇 이 똑 같 은 가

젓 가 락 두 짝 이 똑 같 아 요

♪ 런던 브리지
London Bridge Is Falling Down

작사 미상
외국 곡

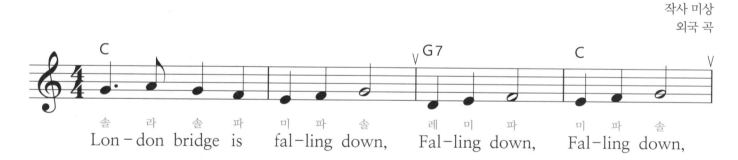

Lon - don bridge is fal - ling down, Fal - ling down, Fal - ling down,

Lon - don bridge is fal - ling down, My fair lay - dy

낮은 소리를 낼 때는

'도, 레, 미~'와 같이 낮은 음의 소리를 낼 때는 숨을 세게 불어넣으면 음이탈이 되어 '삑' 하고 다른 소리가 나기 때문에 숨을 살살 불어 넣어야 합니다.

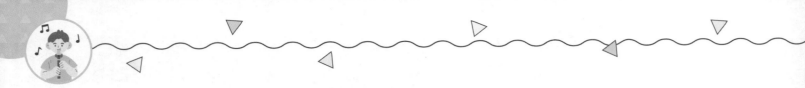

♪ 거미

미국 동요

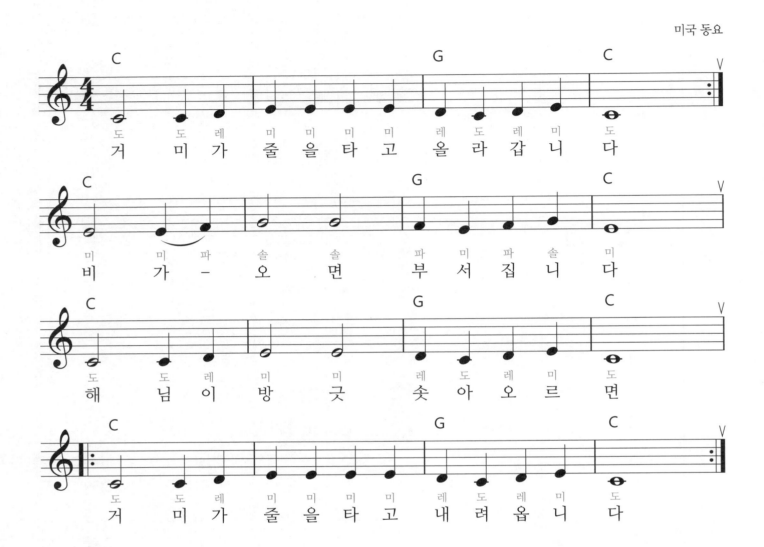

거 미 가 줄 을 타 고 올 라 갑 니 다

비 가 - 오 면 부 서 집 니 다

해 님 이 방 긋 솟 아 오 르 면

거 미 가 줄 을 타 고 내 려 옵 니 다

♪ 잘도 돌리네

작사/작곡 김규환

다 람 쥐 가 뱅 글 뱅 글 잘 도 돌 리 네

뱅 글 뱅 글 뱅 글 뱅 글 잘 도 돌 리 네

♪ 통통통통

작사/작곡 미상

♪ 봄비

작사/작곡 김성균

♪ 밀과 보리가 자라네

작사/작곡 이요섭

C · F · G7

미 미 미 레 도 도 도 · 파 파 파 미 레 레 레
밀 과 보리 가 자 라 네 · 밀 과 보리 가 자 라 네

C · G7 · C

미 파 솔 파 미 파 솔 미 레 파 미 레 도 도 도
밀 과 보리 가 자라 는 것 은 누 구 든 지 알 지 요

C · F · G7

미 미 미 미 레 도 도 · 파 파 파 파 미 레 레
농 부 가 씨 를 뿌 려 · 흙 으 로 덮 은 후 에

C · G7 · C

미 파 솔 파 미 파 솔 미 레 레 파 미 레 도 도
발 로 밟 고 손 뼉 치 고 사 방 을 둘 러 보 네

26

양손 운지 1
(도~높은 레)

양손 운지 1 (도~높은 레)

♪ 마법의 용 퍼프
Puff, The Magic Dragon

작곡 Y. 피터, L. 립턴

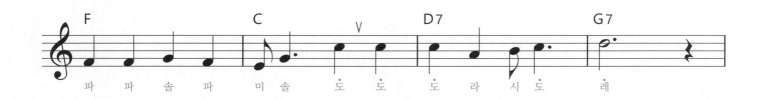

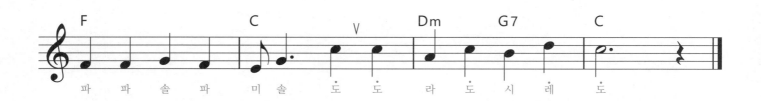

♪ 병원차와 소방차

작사/작곡 유경손

♪ 세계의 아침 인사

작사/작곡 윤현진

♪ 숲속의 음악가

작사/작곡 이요섭

나 는 숲 속 의 음 악 가 조 그 만 다 람 쥐 아

주 익 숙 한 솜 씨 로 바 이 올 린 켜 지 요 찌 가

진 짠 짠 찌 가 진 짠 짠 찌 가 진 짠 짠 찌 가

진 짠 짠 참 잘 - 하 지 요

♪ 아기 돼지가 시장에 갔어요
This Little Pig Went To Market

외국 동요

도 도 도 도 레 미 도 도
This lit-tle pig went to mar-ket

레 레 레 레 미 파 레
This lit-tle pig stayed at home

미 미 미 미 파 솔 미 미
This lit-tle pig had – roast beef

파 파 파 파 솔 라 파 파
This lit-tle pig had – none And

솔 솔 솔 솔 미 파 솔 라 시 도
this lit-tle pig cried "Wee-wee-wee-wee-wee,"

솔 파 레 도
All the way home.

♪ 눈 눈 눈
Eyes Eyes Eyes

외국 곡

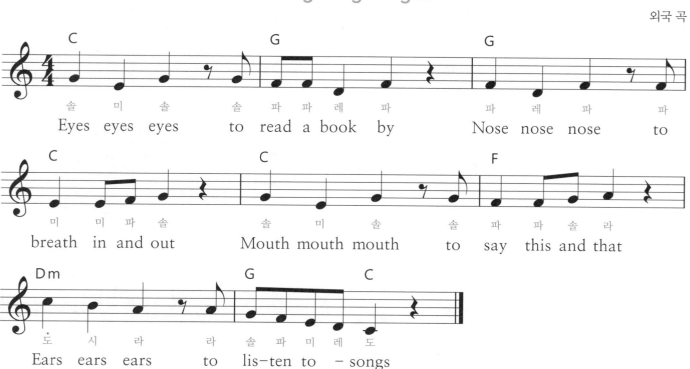

솔 미 솔 솔 파 파 레 파
Eyes eyes eyes to read a book by

파 레 파 파
Nose nose nose to

미 미 파 솔 솔 미 솔
breath in and out Mouth mouth mouth

솔 파 파 솔 라
to say this and that

도 시 라 라 솔 파 미 레 도
Ears ears ears to lis-ten to – songs

♪ 가을길

작사/작곡 김규환

노랗게노랗게 물들었네   빨갛게빨갛게 물들었네

파랗게파랗게 높은하늘   가을길은 고운길

트랄 랄랄라   트랄 랄랄라   트랄 랄랄랄 라   노 래부르 며

산 넘어물 건너가 는 - 길   가 을길은 비단길

♪ 작은 동물원

작사/작곡 김성균

삐약 삐약 병아리 음메 음메 송아지

따당 따당 사 냥 꾼 뒤뚱 뒤 뚱 물오 리

푸 푸 개 - 구 리 - 집게집게집 게 가 - - 재 -

푸 르 르 르 르 르 르 물 풀 소 라

♪ 풍가 알라피아

나이지리아 동요

풍 가 알 라 피 아 아 셰 아 셰 풍 가 알 라 피 아 아 셰 아 셰

밤 밤 밤 밤 밤 아 셰 아 셰 밤 밤 밤 밤 밤 아 셰 아 셰

♪ 귀여운 고슴도치

작사/작곡 배인숙

뽀 족뽀족뽀족 무 얼 까 만 져 보고싶고 궁 금 해

작 은밤이숨어 있 을 까 따 끔따끔밤 송 이

가 만가 만 들 여 다 보 니 동 그 란 두 눈 이 숨 었 네

동 그 란두눈에 작 은 다 리 귀 – 여운고슴 도 치

🎵 리코더 연주 자세

• 오른손 새끼손가락을 밑으로 했을 때 손가락이 구멍을 잘 막을 수 있도록 아랫관을 돌려보면서 구멍의
  위치를 조절해요.
• 오른손 엄지로 리코더 중간 부분을 지지하면 흔들림이 적어요.
• 구멍은 손가락의 볼록 튀어나온 살 부분으로 막아서 바람이 새지 않도록 해요.

♪ 도깨비와 마귀할멈

작사/작곡 미상

C
솔 라 솔 파 미 파 솔 미
도 깨 비 와 마 귀 할 멈
F
파 솔 파 솔 파 미 레
유 리 성 을 찾 아 와
G

C
솔 라 솔 라 솔 파 미 파 솔
유 리 공 주 마 술 걸 - 어
G7
레 레 미 파 미 레
몰 래 데 려 갔 대
C
도
요

F
라 라 도
그 때 에
G
레 도 시 라 솔
멋 진 왕 자 님
C
F
라 라 라 라 라 도
말 을 타 고 달 려
시
와
G

C
솔 라 솔 파 미 파 솔 미
도 깨 비 와 마 귀 할 멈
F
파 솔 파 솔 파 미 레
용 감 하 게 이 기 고
G

C
솔 라 솔 라 솔 파 미 파 솔
공 주 님 과 결 혼 해 - 서
G7
레 레 미 파 미 레
행 복 하 게 살 았
C
도
대

♪ 개구쟁이 스머프

작사/작곡 심재현

♪ 아빠는 엄마를 좋아해

작사 R. 샤브리에
작곡 J. 무테

귀 여 운 새 들 이 노 래 하 고 집 앞

뜰 나 뭇 잎 춤 추 고 해 님 이 방 긋 이 고 개

들 면 우 리 집 웃 음 꽃 피 어 요 엄

마 아 빠 좋 아 아 빠 엄 마 좋 아 랄

라 랄 랄 랄 라 랄 라 랄 랄 랄 라

🎵 **리코더 침 빼는 방법**

• 리코더 윗부분(헤드)의 라비움(떨청)을 손으로 막고 취구에 '후~'하고 세게 불어 넣으면 침이 빠집니다.

• 리코더 윗부분(헤드)을 분리한 후 헤드의 아랫부분을 막고 라비움(떨청)에 숨을 불어 넣으면 취구 쪽으로 침이 빠집니다.

취구

라비움
(떨청)

37

♪ 휘파람 폴카

체코슬로바키아 민요

🎵 리코더 2중주 하기

• 선생님 또는 친구와 함께 〈휘파람 폴카〉를 경쾌하게 2중주로 연주해 보세요(서로 파트를 바꾸어서도 해 보세요).

바꿈
운지(시)

바꿈 운지(시)

바꿈 운지(Refingering, 리핑거링) : '시' 음을 연주하는 다른 운지법을 알아보세요.

시

①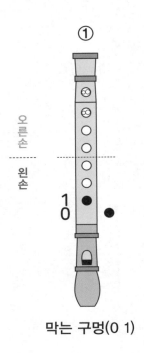

막는 구멍(0 1)

②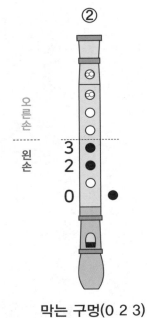

막는 구멍(0 2 3)

음이 차례대로 내려올 때
- ①번 운지 사용

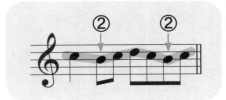

높은 '도' 음으로 연결될 때
- ②번 운지 사용

♪ 종달새의 하루

작사 윤석중
작곡 이은렬

솔 도 도 시 라 솔 파 미 파 솔　　솔 라 라 라 솔 파 미 파 레 솔
하 늘 에 서 - 굽 어 보 - 면　　보 리 밭 이 좋 - 아 보 여 -

솔 도 미 미 라 솔 파 미 파 솔　　도 솔 솔 파 미 레 도
종 달 새 가 - 쏜 - 살 같 이　　내 - 려 - 옵 니 다

⭐ 바꿈 운지 '시' ②번 운지 사용

라 라 라 라 라　　도 시 라 시 솔　　도 시 도　　솔 미 레
비 비 배 배　　거 - 리 - 며　　오 르 락　　내 리 락

미 파 솔 미 레 도　　파 라 도　　시 라 솔 파 미 레 도
오 르 락 내 리 락 하 - 다　　하 루 해 가 집 니 다

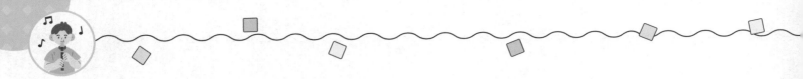

♪ 춤곡

독일 민요

⭐ 선생님과 함께 바꿈 운지 ①과 ②를 연습해 보고, 리코더 2중주를 해 보세요.

양손 운지 2(높은 미~라)

높은 미(미) 이상의 음은 써밍(Thumbing) 주법을 사용합니다.

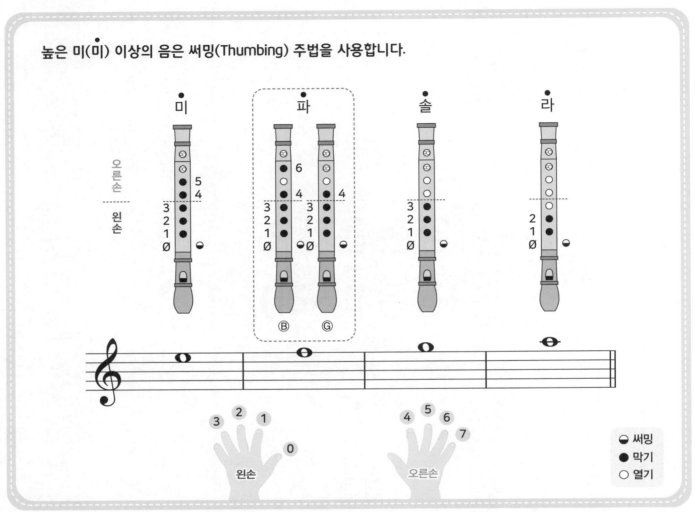

써밍(Thumbing)

'써밍(Thumbing)'은 엄지손가락으로 구멍을 조금 여는 방법입니다. 0번 구멍을 완전히 막고 있는 엄지를 ㄱ자 모양이 되도록 살짝 구부려서 구멍의 윗부분이 조금 열리게 합니다. 운지법 기호는 ◗로 표시하고 번호는 Ø로 표시합니다.

♪ 캉캉

작곡 오펜바흐

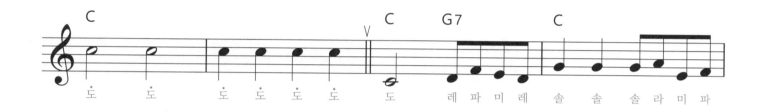

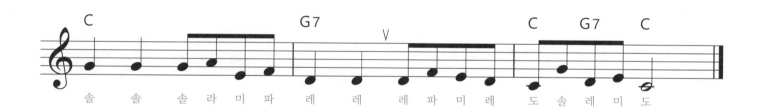

♪ 학교 가는 길

작곡 김광민

♪ 풍선

작사 이두헌
작곡 김성호

♪ 아빠 힘 내세요

작사 권연순
작곡 한수성

딩 동 댕 초 인 종 소 리 에 – 얼 른 문 을 – 열 었 더 니 그 토 록

기 다 리 던 아 빠 가 – 문 앞 에 서 계 셨 죠

너 무 나 반 가 워 웃 으 며 – 아 빠 하 고 – 불 렀 는 데 어 쩐 지

오 늘 아 빠 의 얼 굴 이 – 우 울 해 보 이 네 요

무 슨 일 이 있 었 나 요 – 무 슨 걱 정 있 나 요 –

마 음 대 로 안 되 는 일 – 오 늘 – 있 었 나 요

아 빠 힘 내 세 요 우 리 가 – 있 잖 아 요 아 빠 힘 내 세

요 우 리 가 있 어 요 힘 내 세 요 아 빠

48

♩ 얼굴 찌푸리지 말아요

작사/작곡 최창언

얼 굴 찌 푸 리 지 말 아 요 – 모 두 가 힘 들 잖 아 요 – 기

쁨 의 그 날 위 해 함 께 할 – 친 구 들 이 있 잖 아 요 –

혼 자 라 고 느 껴 질 때 면 – 주 위 를 둘 러 보 세 요 – 이

렇 게 많 은 이 들 모 두 가 – 나 의 친 구 랍 니 다 –

Fine

우 리 가 는 길 이 결 코 쉽 지 않 을 거 에 요 – 때 로 는

모 진 시 련 에 좌 절 도 하 겠 지 만 – 우 리 의

친 구 들 과 함 께 라 면 두 렵 지 않 아 – 우 리

모 두 함 께 손 을 잡 고 원 투 원 투 쓰 리 포

D.C.

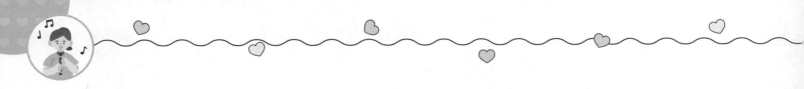

♪ 트라이 투 리멤버
Try To Remember

작사/작곡 H. 슈미트, T. 존스

Try to re – mem – ber – the kind of Sep – tem – ber When

life was slow and oh so mel – low –

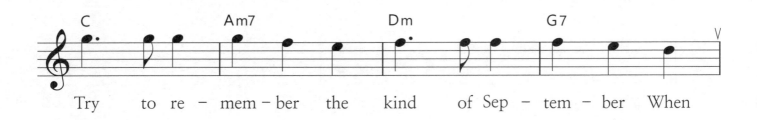

Try to re – mem – ber the kind of Sep – tem – ber When

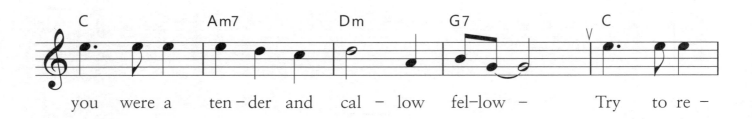

you were a ten – der and cal – low fel–low – Try to re –

mem – ber and if you re – mem – ber Then fol – low –

fol – low – fol – low –

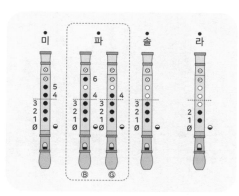

♪ 섬집 아기

작사 한인현
작곡 이흥렬

엄마가 섬 그늘 에 – 굴 따러 – 가면 –

아 기가 혼 자 남 아 – 집 을 보 – 다 가 –

바 다 가 불 러 주 는 – 자 장 노 래 에 –

라 라

팔 베 고 스 르 르 르 – 잠 이 듭 – 니 다 –

리코더 연주 시 끝음 처리는

리코더를 연주할 때 긴 음에서 음이 떨어지기 쉽지요. 그래서 마지막 순간에 '～웃'하고 가볍게 텅잉을 하면 음정을 떨어뜨리지 않고 끝낼 수 있어요.

♪ 할아버지의 낡은 시계

작곡 H.C. 워크

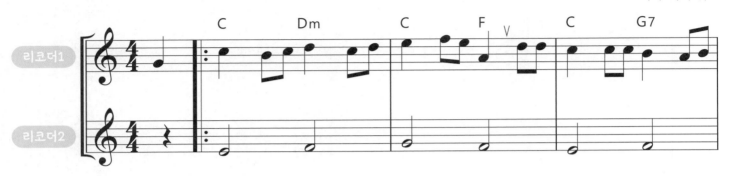

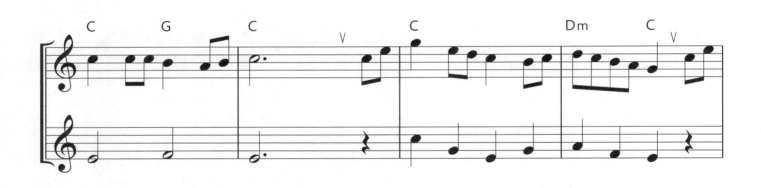

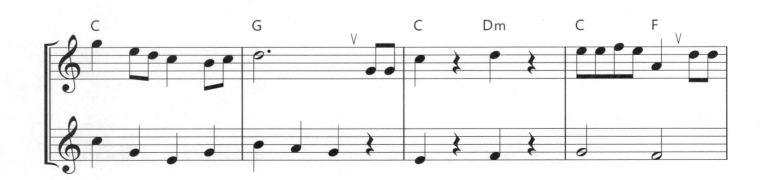

홀로 아리랑

작사/작곡 한돌

저 - 멀 리 동 해 바 다 외 로 - 운 - - 섬 오 - 늘 도

거 센 바 람 불 어 오 겠 - 지 조 그 만 얼 굴 로

바 람 - 맞 - 으 니 독 도 야 간 밤 에 잘 - 잤 느

냐 아 - 리 랑 아 - 리 랑 홀 로 - 아 리 랑

아 - 리 랑 고 개 를 넘 어 가 보 - 자

가 다 가 힘 들 면 쉬 어 가 - 더 - 라 도 손 잡 고

가 보 자 같 이 가 보 자 같 이 가 보 자

54

시♭(라♯)
운지

시♭(라♯) 운지

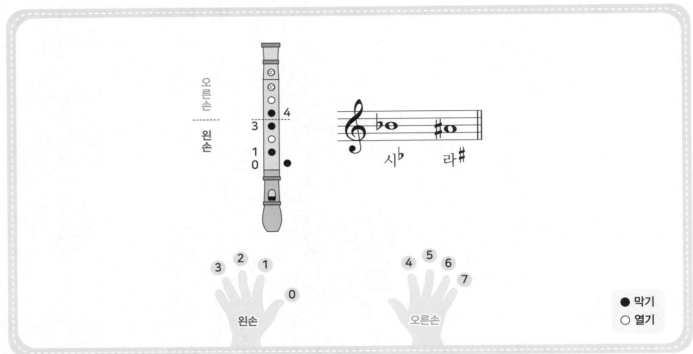

파 솔 라 시♭ 도 레 미 파

♪ 꼭꼭 약속해

작사/작곡 미상

F　　　　　C　　　Bb　　　　C　F　　　　　　　V

라라파라솔　파파레파도　파미파솔　라시♭도

너하고나는　친구되어서　사이좋게　지내자

Bb　　　F　　C7　　　　F　　C　　　F　　C　F

레레시♭레도　시♭시♭솔시♭라　솔　　파　미솔파

새끼손가락　고리걸－고　꼭　꼭　약속해

♪ 길 조심하세요
Be Careful On The Road

외국 곡

F
도 파 파 솔 라 파
Hon-king horns go beep beep
C F
솔 라 시♭ 솔 라 라
Bi - cy-cles go ding ding

F Bb
라 도 도 시♭ 레 레
Look both ways when you cross
C F
도 라 시♭ 솔 라 미 파
Care-ful care-ful of the cars

F
도 파 파 솔 라 파
Red light tells you to stop
C F
솔 라 시♭ 솔 라 라
Ye-llow light is on wait

F Bb
라 도 도 시♭ 레 레
The light is turn-ing green
C F
도 라 시♭ 솔 라 미 파
Care-ful care-ful when you cross

♪ 새들의 결혼식

외국 곡

라 도 라 도 라   시♭ 솔 시♭ 솔   라 파 도 라   솔 도 도 도 도
저 푸 른 숲 에   새 들 모 여   결 혼 식 을   한 대 요 디 디

파 파 파 라 라   솔 솔 솔 시♭ 시♭   라 시♭ 라 솔 라 솔   파
랄 랄 라 디 디   랄 랄 라 디 디   랄 랄 라 랄 랄 랄   라

♪ 잉잉잉

작사/작곡 김성균

도 파 파 파   라 파 파   솔   솔 시♭ 라 파
고 추 밭 에   고 추 는   뽀   족 한 고 추

라 도 도 라   솔 시♭ 시♭ 솔   파 파 라 파   솔
빨 간 고 추   초 록 고 추   모 두 뽀 족   해

도 파 파 파   라 파 파   솔   솔 시♭ 라 파
댕 글 댕 글   사 과 가   놀   러 왔 다 가

도 라 시♭ 솔   라 파 솔   시♭ 라 파   파
아 야 아 야   따 가 워 서   잉 잉 잉

58

♪ 사랑의 기쁨

작곡 J.P. 마르티니

♪ 뚱보 아저씨

작사/작곡 이요섭

뚱 보 아 저 씨　　집 - 에 - 는　　일 곱 명 의 아 들 이

있 었 는 데 요　　그 중 에 하 나　　키 가 크 고 요

나 머 지 는 작 대 요　　**Fine**　오 른 손 올 려 요 왼 - 손 올 려 요　　**D.C.**

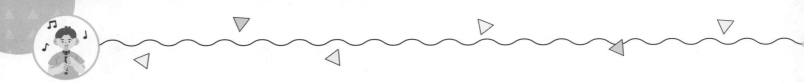

♪ 암탉을 잡으려다

작사 김문환
외국 곡

귀 여운꼬 마가 닭 장에가 서 암 탉을잡으려 다 놓 쳤다 네

닭 장 밖에 있던 - 배 고픈여 우 옳 거니하 면서 물고갔 다 네

꼬 꼬댁 암 탉 소 리를 쳤 네 꼬 꼬 댁 암 탉 소 리를쳤 네

귀 여운꼬 마가 그 꼴을보 고 웃 을까울 을까 망 설였 다 네

🎵 **리코더 연주가 끝나면**

- 떨청을 손으로 감싸고 취구에 '훅~'하고 바람을 불어 넣어서 안에 고여 있는 침을 빼주세요.
- 침이나 습기가 없어지면 부드러운 천으로 닦아 리코더 보관용 케이스에 넣어서 서늘한 곳에 보관하세요.

♪ 예쁜 아기곰

작사/작곡 조원경

동그란 눈에 까만 작은 코 하얀 털옷을 입은 예쁜 아기곰

언제나 너를 바라보면서 작은 소망 얘기하 - 지

너 의 곁에 있으 면 나 는 행복해

어 떤 비밀이라 도 말할 수 있 어

까 만 작은 코 - 에 입 을 맞추 면

수줍어 - 얼굴을 붉히는 예쁜 아기 곰

♪ 멋쟁이 토마토

작사/작곡 김영광

울퉁불퉁멋진몸매에   빠알간옷을입 고

새콤달콤향내풍기 는   멋쟁이토마 토 토마토

나 는 야   쥬스될거야   나 는 야   케첩될거야

나 는 야   춤을출거야헤이 뽐내는토 마 토 토마토

😊 2중주로도 연주해 보세요.

♪ 동물농장

작사 전석환
작곡 R. 버기스

닭 장 속 에 는 암 탉 이 (꼬꼬댁) 문 간 옆 에 는 거 위 가 (꽥꽥)

배 나 무 밑 엔 염 소 가 (음메) 외 양 간 에 는 송 아 지 (음메)

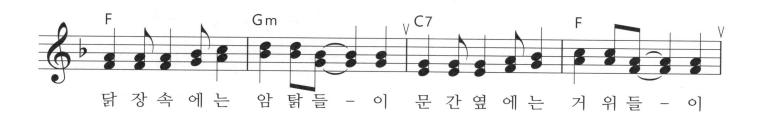

닭 장 속 에 는 암 탉 들 – 이 문 간 옆 에 는 거 위 들 – 이

배 나 무 밑 엔 염 소 들 – 이 외 양 간 에 는 송 아 지 –

오 히 야 하 – 오 – – – 오 오 –

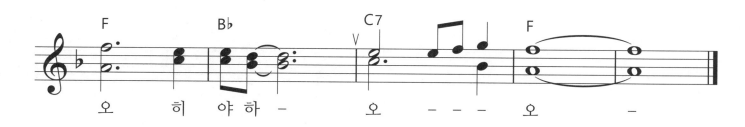

오 히 야 하 – 오 – – – 오 –

♪ 달팽이의 하루

작사 조원경
작곡 김진성

보슬보슬 – 비가 와 요　　하늘에서 –　비가 내려요

달 팽이는 – 비 오는 날　　제 일 좋아 – 해

빗 방울과 친 구되어　　풀 잎미끄럼 – 을 타 볼 까

마 음은신나서 달 려가는데　　가 도 가 도끝 이없 는 길

야 호 마음은 바쁘지만 –　　느 릿 느 릿 달 – 팽이 –

어 느새 비그치고 해 가반짝 –　아 직 도　한 뼘을 못갔구

나　　조 그 만 달 팽이 의하 – 루

♪ 바람개비

작사/작곡 김혜선

파란 색종이위에 무지개빛색칠하고

곱게 접어서만든 아주예쁜바람개비

빙글빙글빙글빙글 빙그르르 손으로돌려보고

빙글빙글빙글빙글 빙그르르 골목길달려간다

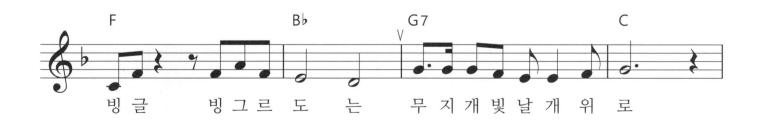

빙글 빙그르도는 무지개빛날개위로

우리 고운꿈달고 빙글빙글돌아간다

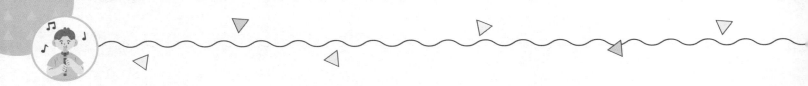

♪ 바람이 불어오는 곳

작사/작곡 김광석

바람 이 불어오는 곳 　 그곳 으로 가네

그 대 의 머릿결같 은 　 나무 아 래 - 로

덜 컹 이는 기 차에 기 대 어 　 너 에게 편 지를 쓴 다

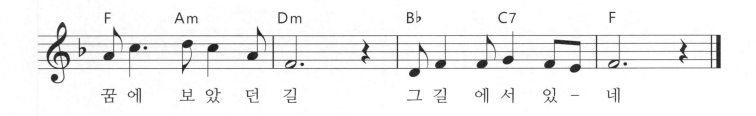

꿈 에 보았 던 길 　 그 길 에 서 있 - 네

♪ 썸머
Summer

영화〈기쿠지로의 여름〉OST
작곡 J. 히사이시

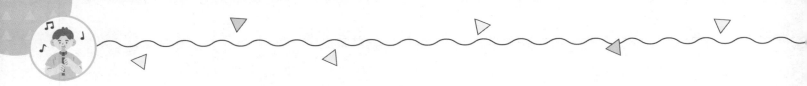

♪ <사계> 중 '봄'

작곡 A. 비발디

♪ 마이 하트 윌 고 온
My Heart Will Go On

영화 〈타이타닉〉 OST
작곡 J. 호너

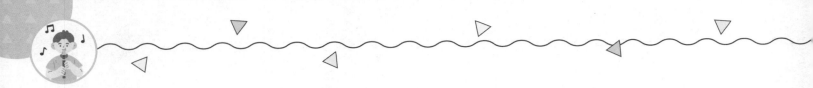

♪ 뽀롱뽀롱 뽀로로

작사 최종일
작곡 박희준

노 는 게 제일좋 아　　친 구 들 모 여 라

언 제 나　즐 거 워　개 구 쟁 이 뽀 로 로

눈 덮 인 숲속마 을　　꼬 마친 구 나 가 신 다

언 제 나　즐 거 워　오 늘 은또무 슨일이 생 길 까

뽀 　로 로 를불 러 봐 요　뽀 롱 뽀 롱뽀 로 로　　뽀 롱

뽀 롱뽀 로 로　뽀 롱뽀 롱뽀 롱뽀 롱뽀 롱뽀 롱뽀 롱 뽀 로 로

노 는 게 제일좋 아　　친 구 들 모 여 라

언 제 나　즐 거 워　뽀 롱뽀 롱뽀 롱뽀 롱 뽀 로 로

2중주로 연주해 보세요.

♪ 초록바다

작사 박경종
작곡 이계석

초록빛바 닷 물 에 　두손을담 그 면

파 란 　하늘빛 물 － 이 들 지 요

어 여쁜 초 록빛 손 － 이 되 지 요

초 록 빛 여 울 물 에 (초록빛) 두 － 발 을 담 그 면 (담그면)

물 결 이 살 － 랑 어 루 만 져 － 요 물 결 이

살 － 랑 어 루 만 져 요 －

71

♪ 오블라디 오블라다
Ob-La-Di Ob-La-Da

작사/작곡 J. 레논, P. 매카트니

리코더1
리코더2

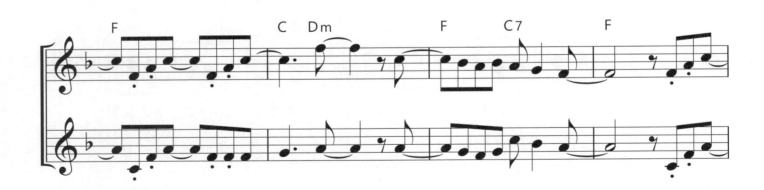

파#(솔♭)
운지

파#(솔♭) 운지

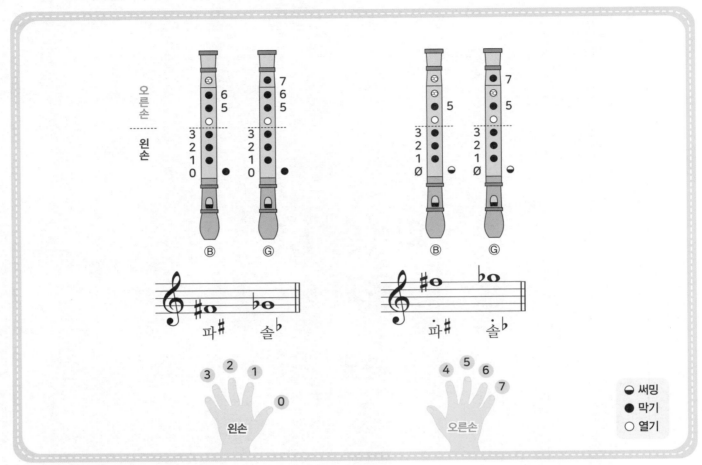

음계 연습

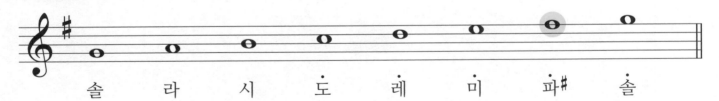

솔　라　시　도　레　미　파#　솔

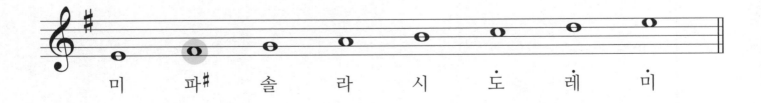

미　파#　솔　라　시　도　레　미

♪ 보물

작사/작곡 강인봉

술래잡기 고무줄놀이 말뚝박기 망까기말타기

놀다보면– 하루는– 너–무나 짧아

♪ 머핀 맨

외국 곡

아 시 나 요 머 핀 맨 – 머 핀 맨 – 머 핀 맨

아 시 나 요 두 루 리 거 리 사 는 머 핀 맨

♪ 요술 주머니

작사/작곡 미상

솔 솔 시 시 레 레 레 레 솔 솔 솔 시 레 레 레

큰 주 머 니 두 드 리 면 비 스 켓 이 하 나 가

도 도 도 시 라 라 라 솔 파# 파# 미 파# 솔 솔 솔

큰 주 머 니 두 드 리 면 비 스 켓 이 또 하 나

솔 솔 시 레 레 레 레 솔 솔 솔 시 레 레 레

이 상 한 요 술 쟁 이 주 머 니 가 부 럽 네

도 도 시 라 라 라 솔 파# 파# 미 파# 솔 솔 솔

신 기 한 요 술 쟁 이 주 머 니 가 부 럽 네

♪ 옆에 옆에

외국 곡

솔 레솔 레솔 레 솔 솔파# 솔 라 –
옆 에옆 에옆 에 빙 글 돌 아 라 –

파# 레파# 레 파# 레 파# 파#미 파# 솔 –
옆 에옆 에옆 에 빙 글 돌 아 라 –

시 시 시 레솔 라 솔파# 미 레 –
위 로 아 래로 위 로아 래 로 –

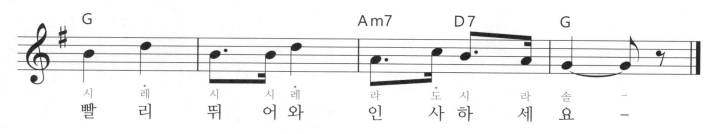

시 레 시 시레 라 도시 라 솔 –
빨 리 뛰 어와 인 사하 세 요 –

♪ 작은 토끼 푸푸
Little Bunny Foo Foo

외국 동요

솔 파# 솔 라 시 시 라 솔 라 시 솔 레
Lit − tle bun − ny Foo Foo hop − pin' through the for − est

솔 파# 솔 라 시 시 솔 라 라 솔 라 시 솔
Scoop−in' up the field mice and bop−pin' 'em on the head.

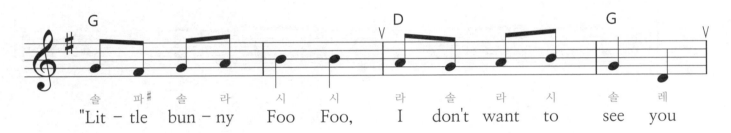

솔 파# 솔 라 시 시 라 솔 라 시 솔 레
"Lit − tle bun − ny Foo Foo, I don't want to see you

솔 파# 솔 라 시 시 솔 라 라 솔 라 시 솔
Scoop−in' up the field mice and bop−pin' 'em on the head."

♪ 폴리 울리 두들
Polly Wolly Doodle

미국 동요

솔 라 시 시 솔 솔 솔 시 시 솔 솔 시 시 시 시 도 도 시 시
Oh, I went down south for to see my Sal, Sing Pol-ly wol-ly doo-dle all the

라 파# 솔 라 라 파# 파# 라 라 파# 라 레 레 레 레 도 도 라 라
day. My – Sal-ly am a spun-ky gal, Sing Pol-ly wol-ly doo-dle all the

솔 솔 라 시 솔 라 시 솔 라
day. Fare thee well, Fare thee well, Fare thee

시 시 도 시 라 파# 솔 라 라 라 라 파# 파# 파# 솔
well, my fai – ry fay, For I'm goin' to Loui-si-an – a For to

라 라 라 라 파# 파# 라 레 레 레 레 도 도 라 라 솔
see my Su-zy-an-na, Sing pol-ly wol-ly doo-dle all the day.

두 파트로 나누어 돌림노래로 연주해 보세요.

♪ 꼬부랑 할머니

작사/작곡 한태근

리코더1

꼬 부 랑 할 머 니 가   꼬 부 랑 고 갯 길 을

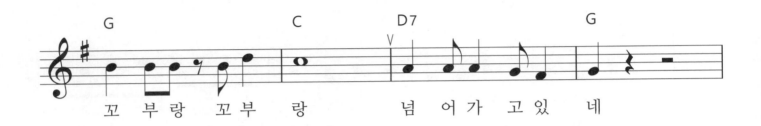

꼬 부 랑 꼬 부 랑   넘 어 가 고 있 네

리코더2

꼬 부 랑 꼬 부 - 랑   꼬 부 랑 꼬 부 - 랑

고 개 는 열 두 고 개   - 고 개 를 고 개 를 넘 어 간 다

♪ 호키 포키

독일 민요

다 같 이 오 른 손 을 안 에 넣 고 오 른 손 을 밖 에 내 고

오 른 손 을 안 에 넣 고 힘 껏 흔 들 어 손 들 고 호 키 포 키 – 하 며

빙 빙 돌 면 서 즐 겁 게 춤 추 자

호 키 포 키 호 키 포 키

호 키 포 키 신 나 게 같 이 춤 추 자

🎵 **리코더 연주 시 호흡법**

리코더 연주 시 사용되는 바른 호흡은 복식 호흡이에요.

'복식 호흡'은 숨을 들이쉬면서 아랫배가 풍선처럼 부풀어 오르게 하고, 숨을 내쉴 때 꺼지게 하는 호흡법이에요.

이때는 코로만 숨을 쉬세요. 천천히 깊게, 숨을 아랫배까지 내려보낸다고 상상해 보세요. 천천히 일정하게 숨을 들이쉬고 내쉬면서 아랫배가 묵직해지는 느낌에 집중하세요.

♪ 피노키오

작사 지명길
작곡 김용년

꼭 두 각 시 인 형 피 노 키 오 나 는 네 가 좋 구 나 파 란

머 리 천 사 만 날 때 는 나 도 데 려 가 주 렴 피 아

노 치 고 미 술 도 하 고 영 어 도 하 면 바 쁜 데 너 는

언 제 나 공 부 를 하 니 말 썽 쟁 이 피 노 키 오 야 우 리

아 빠 꿈 속 에 오 늘 밤 에 나 타 나 내 얘 기 좀 잘 해 줄 수 없 겠 니 먹 고

싶 은 것 이 랑 놀 고 싶 은 것 이 랑 모 두 모 두 할 수 있 게 해 줄 래

82

♪ 모두가 천사라면

작사 박건호
작곡 미상

세 상 사 람 들 이 모 두 가 천 사 라 면 날 개 가 달 려 있 겠 지
비 행 기 도 필 요 없 는 데

푸 른 하 늘 위 로 새 처 럼 난 - 다 면 얼 마 나 재 미 있 을 까
우 리 오 빠 처 럼 뚱 뚱 한 사 람 들 은

어 떻 게 날 아 다 닐 까 천 사 의 마 음 갖 고

싫 어 그 렇 게 될 수 있 - 다 면

천 사 의 노 래 부 르 면 서

끝 없 는 사 랑 간 직 하 리

♪ 오라 리
Aura Lee

미국 민요

Fine

D.C. al Fine

🎵 시♭ 운지법을 기억하고 있나요?

오른손
왼손

● 막기
○ 열기

84

♪ 라 쿠카라차

멕시코 민요

F

병 정 들 이 전 진 한 다   이 마 을 저 마 을 지 나
싱 글 벙 글 웃 는 얼 굴   병 정 들 도 싱 글 벙 글

C7

C7

소 꿉 놀 이 어 린 이 들   뛰 어 와 서 쳐 다 보 며   도
빨 래 터 의 아 낙 네 도   우 물 가 의 처 녀

1. F   2. F

F   Dm

라 쿠 카   라 차 라 쿠 카 라 차   아 름 다 운 그 얼
라 차 라 쿠 카 라 차   달 이 떠 올 라 오

C7

굴   라 쿠 카 라   차 라 쿠 카 라 차
면   라 쿠 카 라   차 라 쿠 카 라 차

C7

1. F   2. F

희 한 하 다 그 모 습 — 라 쿠 카   굴
그 — 립 다 그 얼

85

♪ 결혼 행진곡

작곡 R. 바그너

리코더 C관, F관 구분

리코더의 구멍 전체를 막은 소리가 C(도)음이면 'C관' F(파)음이면 'F관'이라고 해요.

C관 : 소프라노 리코더, 테너 리코더

F관 : 알토 리코더, 베이스 리코더

♪ 연어야 연어야

작사/작곡 주유미

푸르른 강물거슬러   헤엄치는연어야 너의

맑은 눈빛 이   참 아름답구 나

부푼가슴 설레임 –   입가에 머 금고 –

힘 – 차게 오르는 –   너의길따라 – –   나도

함께가고 파   노래하며가고 파   연어야

연어야연어야 –   노래하며가고파

♪ 하늘나라 동화

작사/작곡 이강산

동산 위에 올라 서서 파란 하늘 바라 보 며 –

천사 얼굴 선녀 얼굴 마음 속에 그려 봅니 다 –

하 늘 끝까지 올라 – 실 바 람 을 끌어 안 고 – 날개

달 린 천사 들과 – 속삭이 고 싶 어 라 –

88

♪ 스텝핑 온 더 레이니 스트리트
Stepping On The Rainy Street

작곡 연세영

♪ 소리 모아 마음 모아

작사 미상
영국 민요

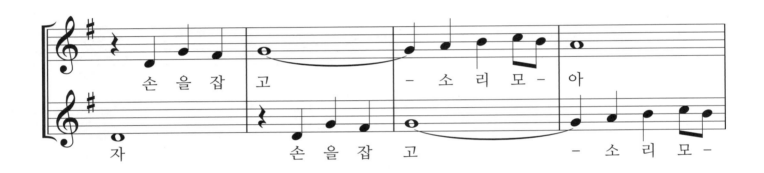

솔♯(라♭)
운지

솔♯(라♭) 운지

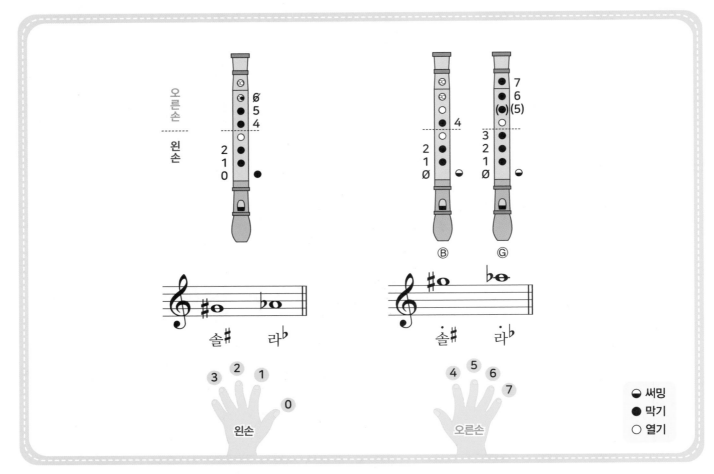

솔♯(라♭)운지 연습

라 솔♯ 라 솔♯ 솔 솔♯ 라

92

♩ 별빛 눈망울

작사 이슬기
러시아 민요

귀 뚤 귀 뚤 귀 뚜 라 미 귀 뚤 귀 뚤 노 래 하 면

별 님 들 은 눈 빛 으 로 듣 고 있 나 봐

이 슬 처 럼 맑 고 맑 은 귀 뚜 라 미 노 래 듣 고

초 롱 초 롱 더 맑 아 진 별 빛 눈 망 울

♩ 올챙이와 개구리

작사/작곡 윤현진

개울가 - 에 올 챙이 한 마 리 꼬 물 꼬 물 헤 엄 치 다

뒷 다 리 가 쑥 앞 다 리 가 쑥 팔 딱 팔 딱 개 구 리 됐 네

꼬 물 꼬 물 꼬 물 꼬 물 꼬 물 꼬 물 올 챙 이 가

뒷 다 리 가 쑥 앞 다 리 가 쑥 팔 딱 팔 딱 개 구 리 됐 네

♪ 아기 다람쥐 또미

작사 한예찬
작곡 조원경

쪼 로 로 롱 - 산 새 가   노 래 하 는 - 숲 속 에

예 쁜 아 기 - 다 람 쥐 가   살 고 - 있 었 어 요

솔#   솔

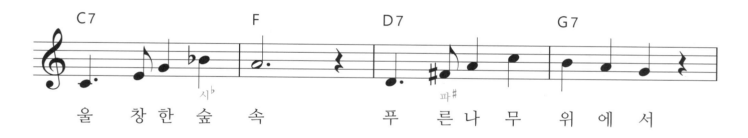

울 창 한 숲 속   푸 른 나 무 위 에 서

시♭   파#

아 기 다 람 쥐 또 미 - 가 살 고 있 었 어 요

야 호 랄 라 노 래 부 르 자   야 호 숲 속 의 아 침 을 -

야 호 트 랄 라 귀 여 운   아 기 다 람 쥐 또 미

95

♩ 아름다운 세상

작사/작곡 박학기

D.S. al Fine

미♭(레♯) 운지

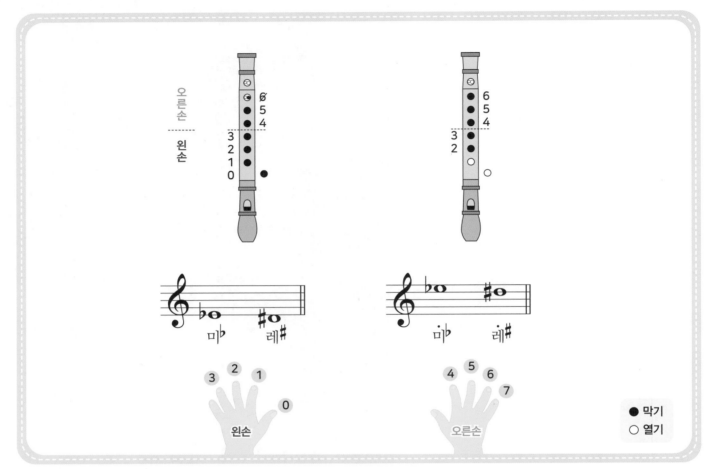

오른손

왼손

미♭   레♯

미♭   레♯

● 막기
○ 열기

왼손   오른손

레♯(미♭)운지 연습

레   레♯   미   미♭   레   레♯   미

♪ 웨이 백 덴
Way Back then

드라마 〈오징어 게임〉 OST
작곡 정재일

시 시 시 시 시 시 레# 시 시 라 솔 라 시 시 시 시 시 시 시

시 라 솔 라 솔 미 미 미 파# 미 파# 미 파# 미 파# 미 파# 미 파# 미 파# 미 파#

미 파# 미 파# 미 파# 미 파# 미 파# 미 파# 미 파# 미 파# 미 미 파# 솔 파# 솔

라 솔 파# 미 레 라 솔 파# 미 파# 솔 파# 솔 라 시

🎵 **스타카토 연주법**

음표의 반 정도의 길이로 가볍고 짧게 텅잉을 하여 소리를 냅니다.

스타카토  실제 연주

툿 툿 툿 툿

따라서 이 곡의 스타카토는 이렇게 소리를 냅니다.

툿 툿 두 툿 툿 두

⭐ 레가토 주법과 스타카토 주법을 사용하여 연주해 보세요.

♪ 허쉬, 리틀 베이비
Hush, Little Baby

미국 민요

Fine

D.C. al Fine

🎵 **레가토 주법**

'레가토 주법'은 이음줄로 이은 음의 첫 음만 '투우'와 같이 텅잉하며, 호흡을 끊지 않고 한 번 텅잉에 손가락 운지만 바꾸어 연주합니다. 이를 '슬러 주법'이라고도 합니다.

투우투우 ──

투 우우투──

🌟 이음줄 ⌒ , ⌣ 는 레가토 주법으로 연주하세요.

♪ 모두 모여라

작사/작곡 안성철

랄 랄 랄 랄 라 손 뼉 치 면 서 즐 – 겁 게 모 두 모 여 라
랄 랄 랄 랄 라 손 을 흔 들 며 신 – 나 게 모 두 모 여 라

너 와 내 – 가 손 을 맞 잡 고 빙 글 빙 글 돌 아 보 자
너 와 내 – 가 팔 짱 을 끼 고 빙 글 빙 글 돌 아 보 자

땅 을 보 고 하 늘 보 고 이 쪽 저 쪽 살 펴 보 고
둘 이 둘 이 마 주 보 며 오 른 팔 을 왼 팔 위 에

오 른 발 쿵 쿵 쿵 왼 발 도 쿵 쿵 쿵 깡 총 깡 총 뛰 – 어 보 자
빙 빙 글 오 른 쪽 왼 쪽 도 빙 빙 글 빙 글 빙 글 돌 – 아 보 자

뒤 로 돌 아 서 모 두 모 여 서 하 나 둘 셋 손 뼉 을 치 고

다 시 돌 아 인 사 하 면 서 사 알 짝 옆 으 로

♪ 벼랑 위의 포뇨

작곡 J. 히사이시

포 뇨 포 - 뇨 포 뇨 아기 물고기 저 푸른 바다 에서 - 찾 아 왔 어 요

포 뇨 포 - 뇨 포 뇨 오 - 동 통 통 볼 록 한 배 에 예쁜 - 물 고 기 -

Fine

깡 총 깡 총 쭈 욱 쭈 욱 다 리 가 생 겼 구 나 뛰 어 보 자

꼬 물 꼬 물 좌 악 좌 악 손 들 이 생 겼 구 나 잡 아 보 자

포 뇨 와 함 께 놀 때 마 다 기 분 이 너 무 좋 았 죠

빠 곰 빠 곰 쭈 욱 뻐 곰 뻐 곰 쭈 욱 포 뇨 가

너 무 좋 아 요 새 - 빨 간 모 습 에 -

D.C. al Fine

도♯(레♭)
운지

도#(레b) 운지

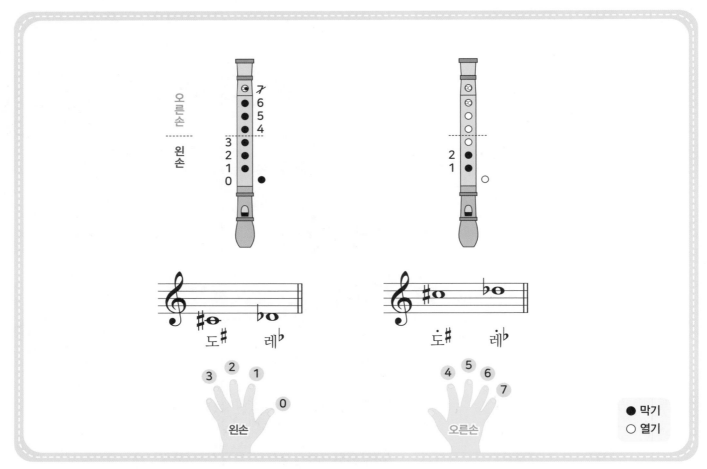

도#(레b)운지 연습

도   도#   레   레b   도   도#   레

도#(레b)운지 연습

레   도#   레   도#   시   도#   레

♪ 나의 방

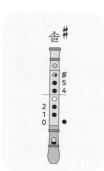

작사 김형주
작곡 오희섭

레 도#레시 도- 도시라 솔#라시미   파#솔 라 레시 -
커 다란네 -모가 하 나둘셋넷 서 로기대어 -

레 도#레시 시도시라 솔#라시도   파#솔라 파#솔 -
마 주보며 나란히손을잡 -고 내 방되었죠 -

도 - 미솔도시   도시라솔 파#솔라 -
장 - 난감병정 발맞춰행 진하고 -

도 - 미솔도시   라시도#라 레도#레 -
인 - 형아가씨 춤을추며 노래해 -

시시시시 -   시시시시 -   시시시시도레 솔
나의방은 -   조그마한 -   나만의꿈의궁 전

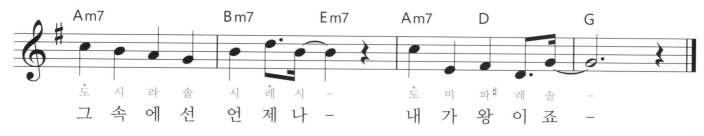

도시라솔 시레시 -   도미파#레솔 -
그속에선 언제나 -   내가왕이죠 -

♪ '넌 할 수 있어'라고 말해 주세요

작사 곽진영
작곡 강수현

넌 할 - 수 있 어 라 - 고 말 해 주 - 세 요

그럼 우 - 리는 무 엇 이 - 든 할 수 있 - 지 요

짜 증 나 고　힘 든 일 도　신 나 게 할 - 수 있 는

꿈 이 크 고 고 운 마 음 이 자 - 라 는 따 뜻 한 - 말 넌

할 수 있 어　큰 꿈 - 이 열 리 는 - 나 무 가 될 - 래

요　더 없 - 이 소 중 한 꿈 - 을 이 룰 거 예

요　넌 할 할 수 있 어 -

♪ 해피 토크
Happy Talk

작사/작곡 O. 해머스타인 2세, R. 로저스

♪ 리듬 오브 더 레인
Rhythm of the Rain

작사/작곡 J. 거모

Lis – ten to the rhy – thm of the fall – ing rain –

Tell – ing me just what a fool I've been   I

wish that it would go and let me cry in vain –   And

let me be a – lone a – gain –

Rain plea – se tell me now does that seem fair –   For

her to steal my heart a way when she don't care? –   I

can't love an-oth-er when my heart's some-where – far-a-way

♪ 러브 송
Love Song

작사 김영아
작곡 전준규

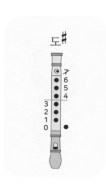

흰 눈이 기쁨 되는 날 흰 눈이 미소 되는 날

흰 눈이 꽃잎처럼 내려와 우리의 사랑 축복해 **Fine**

지금 순간을 위 - 해 - 서 - 난 태어난 건 - 아닐까 -

깊은 잠에서 눈 - 뜨 - 면 깨질 마법은 - 아닐까 - 그대

의 사랑이 되고파 - 오 랜 시간을 - 돌아서 - 이제

- 내 자리에 오 - 게 된 - 거 - 야 - 오 - - - - - **D.C.**

♩ 할아버지의 11개월

작곡 K. 켄지

D.C. al Coda

더블 텅잉

더블 텅잉

♪ 작은 별

작사 윤석중
작곡 W.A. 모차르트

🎵 **더블 텅잉**

와 같이 빠른 리듬을 연주할 때는 '듯그' '드그'의 발음으로 텅잉을 해야 정확하게 들리는데 이런 텅잉을 '더블 텅잉(Double Tonguing)'이라고 합니다.

♪ 넬라 판타지아
Nella Fantasia

작사 F. 키아라
작곡 E. 모리코네

와 같이 '드그드'의 발음으로 텅잉을 하는 경우는 '트리플 텅잉(Triple Tonguing)'이라고 합니다.

♪ 백만 송이 장미

작사 심수봉
작곡 P. 레이몬드

'백만 송이 장미'

이 곡은 라트비아의 가요인 '마라가 준 인생'을 러시아어로 번안한 곡으로, 우리나라에서는 '백만 송이 장미'라는 제목으로 부르고 있습니다.

부록
(K-POP, 트로트, 캐롤)

♪ 신호등

작사/작곡 이무진

이제야 목적 질 정했 – 지만 – 가려 한 날 막 아서네 – 난 갈 길 이 먼데
이미 난 발 걸 음을 뗐 – 지만 – 가려 한 날 재 촉하네 – 걷 기도 힘든데

– 새빨간 얼 굴 로 화를 – 냈던 – 친 구가 – 생 각 나네 –
– 새 파 랗 게 겁에 질 려도 – 망 간 – 친 구가 – 뇌에 맴 도네 –

건반 처럼 생긴 도 로위 – 수많은 동 그 라 미 들 – – 모 두 가

멈췄 다 굴 렀다 말 은 잘 – 들 어 – 그 건 나 도 문제 가 아 냐 – 붉 은

색 푸른 색 – 그 사이 3 초 그 짧 은 시간 – 노 란 색 빛 을 내 – 는 저 기

저 신호 등이 – 내 머 리 속을 텅 – 비 워 버 려 내 가 빠 른 지도 – 느 린

지 모 르 겠 어 그 저 눈 앞 – 이 샛 노 랄 – 뿐 야 – –

116

♪ 밤양갱

작사/작곡 장기하

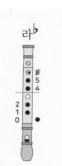

떠 나 는 길 에 네 가 내 게 말 했 지 너 는 바 라 는 게
나 는 흐 르 려 는 눈 물 을 참 고 하 려 던 얘 길 어

너 무 나 많 아 잠 깐 이 라 도 널 안 바 라 보 면
렵 게 누 르 고 그 래 미 안 해 라 는 한 마 디 로 너

머 리 에 불 이 나 버 린 다 니 까
랑 나 눈 날 들 마 무 리 했 었 지 달 디 달 고

달 디 달 고 달 디 단 밤 양 갱 밤 양 갱 내 가 먹 고

싫 었 던 건 달 디 단 밤 양 갱 밤 양 갱 이 야 떠 아 냐 내 가 늘 바

란 건 하 나 야 한 개 뿐 이 야 달 디 단 밤 양 갱

117

♪ 문어의 꿈

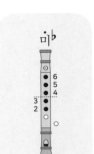

작사/작곡 안예은

나는 문어 - 꿈을 - 꾸 - 는 문어 - - 꿈 속

에 서 는 무 엇 이 든 - 지 될 - 수 있 어 - - - - - 나 는

문 어 - 잠 을 - 자 - 는 문 어 - 어 어 - 잠 에

드 는 순 간 여 행 이 시 - 작 - 되 - 는 거 야 - -

높 은 산 에 - 올 - 라 가 면 나 는 - 초 록 색 문 어 -

장 미 꽃 밭 - 숨 - 어 들 면 나 는 - 빨 간 색 문 어 -

횡 단 보 도 - 건 - 너 가 면 나 꿈 - 줄 무 늬 문 - 어

118

♪ 찐이야

작사/작곡 알고보니혼수상태, 김지환

찐 찐 찐 찐 찐 이 야   완 전 찐 이 야

진 짜 가 나 타 났 다 지 금

찐 찐 찐 찐 찐 이 야   완 전 찐 이 야

찐 하 게 사 랑 할 거 야

Fine

요 즘 같 이 가 짜 가 많 은 세 상 에

민 을 사 람 - 바 로 당 - - 신 뿐

내 모 든 걸 　 다 줘 도 　 아 깝 지 않 은 -

내 인 생 에 전 - 부 인 사 람 -

끌 리 네 끌 리 네 자 꾸 끌 리 네 　 쏠 리 네 쏠 리 네 자 꾸 쏠 리 네

심 장 을 - 훔 쳐 간 사 람 - -

D.C.

♪ 효도합시다

작사/작곡 알고보니혼수상태, 김지환

여러분 - 여러분 - 효도합시다 - - - -

가끔은 아이러브유 사랑한다말합시 - - 다 -
사는게 바 - - 빠도 전화한통드립시 - - 다 -
그동안 고 - - 맙다 감사하다말합시 - - 다 -

1, 2. 나하나 보 면 - 서 살아온당 신 - -
3. 자신보다 날 먼 - 저 지켜준당 신 - -

1, 2. 늦기전 에 - 효 도합시 - - 다 -
3. 미안해 요 - 사 랑합니 - - 다 -

늦기전 에 - 효 도합시 - 다 - - -

♪ 창밖을 보라

작사/작곡 T. 미첼, L. 포터

창 밖 을 보 라 창 밖 을 보 라 흰 눈 이 내 린 다

창 밖 을 보 라 창 밖 을 보 라 찬 겨 울 이 왔 다

썰 매 를 타 는 어 린 애 들 은 해 가 는 줄 도 모 르 고

눈 길 위 에 다 썰 매 를 깔 고 즐 겁 게 달 린 다

긴 긴 해 가 다 가 고 – 어 둠 이 오 면

오 색 빛 이 찬 란 한 – 거 리 거 리 의 성 탄 빛

추 운 겨 울 이 다 가 기 전 에 마 음 껏 즐 기 자

맑 고 흰 눈 이 새 봄 빛 속 에 사 라 지 기 전 에

♪ 루돌프 사슴코

작사/작곡 J. 마크스

루돌프사슴코는 매우반짝이는코

만일네가봤다면 불붙는다했겠지

다른모든사슴들 놀려대며웃었네

가엾은저루돌프 외톨이가되었네

안개낀성탄절날 – 산타말하길

루돌프코가 밝으니 – 썰매를끌어주렴

그후론사슴들이 그를매우사랑했네

루돌프사슴코는 길이길이기억되리

♪ 크리스마스에는 축복을

작사/작곡 김현철

레가토 주법을 사용하여 연주해 보세요.

♪ 고요한 밤 거룩한 밤

작사 J. 모르
작곡 F. X. 그루버

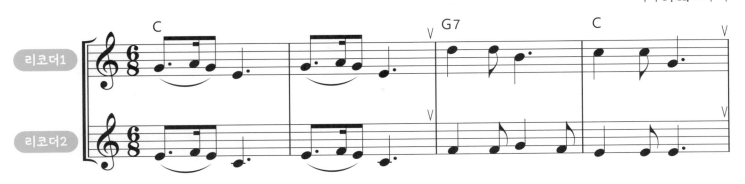

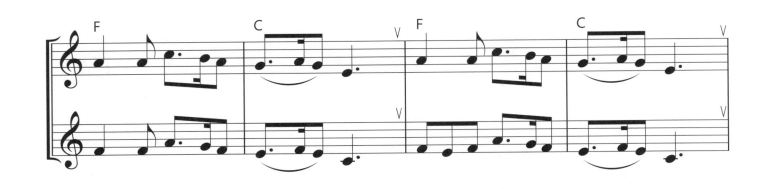

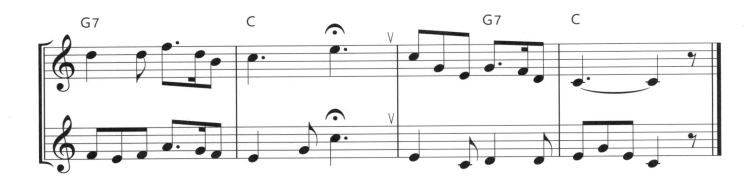

♪ 소프라노 리코더 운지표(반음계 포함)

Ⓑ 바로크식(영국식)   Ⓖ 저먼식(독일식)

● 막기   ○ 열기   ◑ 조금 열기

소프라노 리코더 교본

발행일 2025년 2월 21일

편저자 안성철
발행인 최우진
편집 이슬기
디자인 박경미, 이재란

발행처 그래서음악(somusic)
출판등록 2020년 6월 11일 제 2020-000060호
주소 (본사)경기도 성남시 분당구 정자일로 177
  (연구소)서울시 서초구 방배4동 1426
이메일 book@somusic.co.kr

ISBN 979-11-93978-59-7(93670)